Informationen zu Ulrike Motschiunig und ihren Büchern unter
www.kinderbuchmitherz.at

ISBN 978-3-7074-2011-1
2. Auflage 2023

Text: Ulrike Motschiunig
Illustration: Florence Dailleux
Druck und Bindung: Finidr, s.r.o.

© 2016 G&G Verlagsgesellschaft mbH, Wien
Alle Rechte vorbehalten. Jede Art der Vervielfältigung,
auch auszugsweise, gesetzlich verboten.

www.ggverlag.at

Ulrike Motschiunig

Schläfst du schon, kleiner Fuchs?

Bilder von
Florence Dailleux

„Huiii! Laubhüpfen ist lustiiig!!", ruft der kleine Fuchs und lässt sich in den **bunten Blätterberg** plumpsen. Sein Freund, der freche Dachs, nimmt Anlauf und wirft sich neben ihn in den raschelnden **Laubhaufen.**
Dann ist wieder der kleine Fuchs an der Reihe.
Mit einem **großen Satz** springt er ins duftende Laub, dass die roten und gelben Blätter nach allen Seiten fliegen.
„Hihi, ich kann die Blätter **am höchsten** werfen", ruft der freche Dachs.
„Das glaubst du", lacht der kleine Fuchs und lässt die Blätter **hoch in die Luft** steigen.
Als leuchtender Laubregen schweben sie in der **Abendsonne** wieder zu Boden.

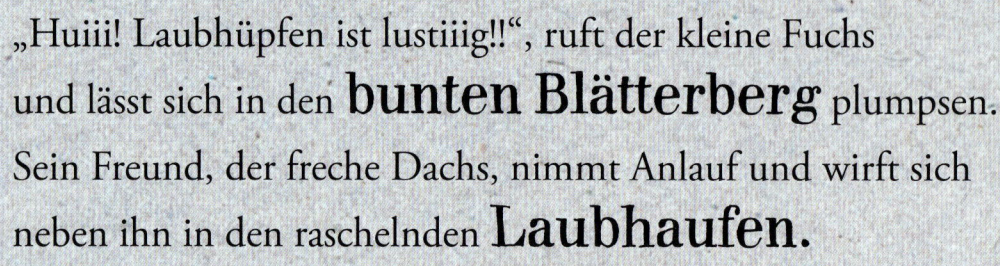

„Ruhe dort unten!", schimpft das Eichhörnchen aus seinem Nest. „Jetzt ist Schlafenszeit!"

Kichernd laufen der kleine Fuchs und der freche Dachs davon. „Glaubst du, dass das **Eichhörnchen** wirklich **schon schlafen geht?**", fragt der kleine Fuchs. „Oh ja! Bestimmt ist es so früh müde, weil es den ganzen Tag auf den Bäumen **herumturnt** – selber schuld!", meint der freche Dachs grinsend. Der kleine Fuchs schaut sich im Licht der **Abenddämmerung** um und horcht. Von der Spitze eines hohen Baumes klingt das **Abendlied** der Amsel. „Wie **schön** sie singen kann", sagt der kleine Fuchs entzückt.

„Aber die anderen Vögel **zwitschern** nicht mehr. Ob sie schon schlafen?"

Er zeigt hinauf zum Elsternnest. „Auch bei Frau Elster ist es ganz still!"

„Huhu! Frau Elster!", ruft der freche Dachs.

Die Elster streckt ihren Kopf weit aus dem Nest.

Verärgert **krächzt** sie mit funkelnden Augen: **„Kraaahhh, kraaahhh!** Wer wagt es, meine wertvolle Ruhe zu stören?

Na wartet, wenn ich euch erwische!

Kraaahhh!"

„**Komm,** wir laufen **Slalom** zwischen den Bäumen!",
ruft der kleine Fuchs, und schon **sausen** die beiden
durch den Wald davon.
Der Abend legt sich über die Büsche und Bäume. Es wird dunkel.
„Such mich, wo bin ich?", ruft der freche Dachs und verschwindet
zwischen den Bäumen. Bald hat der kleine Fuchs seinen Freund
entdeckt, und nun darf **er sich verstecken.**
„**Juhu,** die anderen schlafen schon und wir sind noch auf!",
jubelt der freche Dachs, während er einen Baum nach dem anderen
umkreist. Wo mag der kleine Fuchs nur stecken?
Er findet ihn in eine Mulde gekuschelt auf dem weichen Waldboden.
„Was treibst du da?" fragt der freche Dachs.
„Schau, wie schön die **Sterne funkeln**", flüstert der
kleine Fuchs andächtig.
„Ja, sowieso – aber hörst du nicht, dass da was **knurrt?**"
Da bemerkt der kleine Fuchs, dass das sein Magen ist!
Schnell springt er auf und lachend machen sich
die beiden Freunde auf den **Heimweg.**

„**Ställ dür vor, Moma!**", sagt der kleine Fuchs später im Fuchsbau mit vollem Mund. „Das Eichhörnchen und Frau Elster gehen gleich nach Sonnenuntergang **zu Bett!**"
Mama Fuchs nickt. „Nicht alle Tiere im Wald bleiben nachts so lange auf wie wir! Doch dafür zwitschern die Vögel schon ihr erstes Lied, wenn wir beide noch tief und **fest schlafen!**"
„Aber **warum** ist das so?", fragt der kleine Fuchs neugierig. Mama Fuchs denkt kurz nach und gibt ihrem Kind einen **zärtlichen** Stups. „Ja, warum wohl?"

Der kleine Fuchs **kuschelt** sich in sein Bett.
Eigentlich ist er noch **gar nicht müde**.
„Welche Tiere wohl noch wach sind?", fragt er sich und horcht dabei
auf jedes **Knacksen** und Rascheln, das von draußen kommt.
Und ausgerechnet jetzt beginnt seine linke Vorderpfote zu kitzeln!
„Wie soll ich da bloß einschlafen?"

Der kleine Fuchs wälzt sich in seinem Blätterbett hin und her
und denkt: „Mein Bauch ist ganz voll vom guten Essen! **Hicks!**"
Jetzt hat er auch noch Schluckauf!
So leise wie möglich **springt der kleine Fuchs** aus
seinem Bett und trippelt vorbei an der friedlich schlafenden
Mama Fuchs hinaus ins Freie. **„Hicks!"**

Neugierig und **aufgeregt** zugleich schleicht der kleine Fuchs durch den dunklen Wald. „**Hicks!** Ob das Eichhörnchen tatsächlich schläft?" Er bleibt stehen und horcht. Im Eichhörnchennest ist es **mucksmäuschenstill!**
Aber drüben, bei der alten Tanne, ist etwas zu hören!
Der kleine Fuchs läuft hinüber zum Nest von Frau Elster.
Dort tönt ein regelmäßiges: „**Chrpf! Chrpf! Chrpf!**" vom Baum.
„Hi, hi! Frau Elster schnarcht!", flüstert der kleine Fuchs.
„**Hicks!**"

Da **raschelt** es im Laub
und der kleine Fuchs entdeckt Familie Igel.
„Vielleicht kennst du ein wohliges Plätzchen
für unseren **Winterschlaf?**", fragt Frau Igel,
die geschäftig im Laub herumschnüffelt.
Vor Staunen rollt der kleine Fuchs mit den Augen. „Wollt ihr
wirklich den **ganzen Winter** lang schlafen? **Hicks?**"
„So ist es!", antwortet Frau Igel und verschwindet
mit ihrer Familie **im Laub.**

Weiter drüben, bei der kleinen Waldlichtung, liegt jemand im **weichen Gras!**
Vorsichtig trippelt der kleine Fuchs näher und entdeckt **Frau Reh mit ihrem Kind.**
„Ob die beiden gerade erst eingeschlafen sind? Ihr Platz schaut so **gemütlich** aus!" Am liebsten würde der kleine Fuchs ausprobieren, wie fein es sich hier im Gras liegt! „Aber wenn ich mich **dazukuschle,** wacht das Rehkind vielleicht auf!",
flüstert der kleine Fuchs
und schleicht davon.

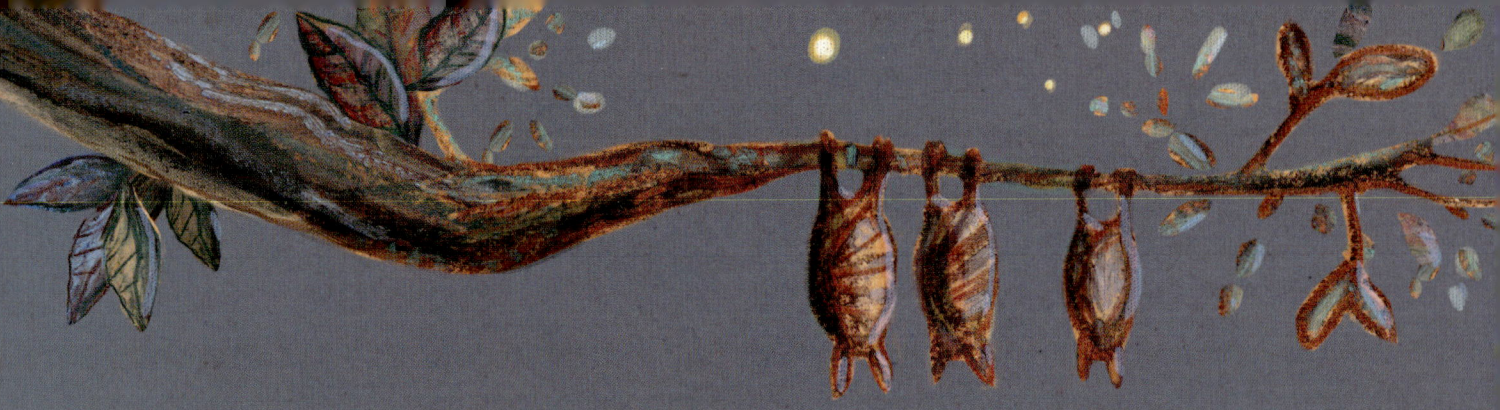

„Ho, ho! Wer ist denn da noch auf?", fragt Herr Fledermaus.
Interessiert betrachtet der kleine Fuchs Herrn **Fledermaus,**
der mit dem Kopf **nach unten** an seinem Baum hängt.
„Hallo, Herr Fledermaus! Ich will auch mitturnen! **Hicks!**"
„Ich **turne** doch nicht!", antwortet Herr Fledermaus
mit verschränkten Flügeln. „Ich richte mir ein gemütliches Plätzchen
zum **Schlafen** her!"
„Du schläfst **verkehrt herum?**", wundert sich der kleine Fuchs.
„Das ist lustig!"

Plötzlich sieht der kleine Fuchs einen großen **Schatten** über sich. Es ist **Frau Eule,** die gerade auf ihrem Baumstumpf landet. „Hallo! Was machst du, gute alte Eule?"
„**Schuhuuu!** Ich genieße die nächtliche Stille im Wald!"
Frau Eule zwinkert dem kleinen Fuchs freundlich zu. „**Und du?** Solltest du nicht längst zu Hause bei deiner Mama sein?"
„**Ich kann nicht schlafen!**", sagt der kleine Fuchs und tritt mit seinen Pfoten verlegen auf den weichen Waldboden.
„Das kenne ich! **Schuhuuu!**", sagt Frau Eule und nickt. „Ich verrate dir, was hilft!"
Gespannt horcht der kleine Fuchs, was ihm Frau Eule **ins Ohr** flüstert.

Auf dem Weg zum Fuchsbau gehen dem kleinen Fuchs tausend Gedanken durch den Kopf. Alles dreht sich um Frau Eules guten Rat: „Ob ich wirklich nur an **schöne Dinge** zu denken brauche, um schnell **einzuschlafen?** Und ob es auch stimmt, dass ich dann etwas ganz Besonderes **träume?**"
In diesem Moment steckt Herr Dachs den Kopf aus dem Dachsbau. „Was treibst du denn **so spät alleine** im Wald? Also mein kleiner Bengel schläft schon längst!"
„**Bin schon weg!**", murmelt der kleine Fuchs und läuft eilig davon. Mitten im Laufen stellt er überrascht fest, dass sein Schluckauf weg ist!

Zurück im Fuchsbau, **schlüpft** der kleine Fuchs sofort **in sein Bett.** Er hört, wie Mama in der Wohnhöhle tief und fest schläft.

Und gleich beginnt er an die vielen Dinge zu denken, die er heute erlebt hat: Wie aufregend das **Spielen** mit dem frechen Dachs gewesen ist. Wie das bunte Laub in der Abendsonne geleuchtet hat und wie **lustig** die Blätter geflogen sind. Wie schön Frau Amsel gesungen hat. Und wie die **Sterne** gefunkelt haben!
„Mama und ich haben es sooo schön **hier im Wald!**", seufzt der kleine Fuchs **glücklich.** Und plötzlich weiß er ganz genau, was er jetzt will!

Leise trippelt der kleine Fuchs in die Wohnhöhle zu Mama Fuchs. Er schmiegt sich in ihr **wohlig warmes Fell**. Mama riecht **so fein!** Und wie ihr Herz klopft! Poch, poch!
„Ob die anderen Tiere jetzt alle schlafen?", murmelt der kleine Fuchs und **gähnt**. „Bestimmt werden die Vögel bald munter sein! Und auch Frau Elster und das Eichhörnchen! Gut, dass wir nicht alle zur gleichen Zeit **schlafen gehen** – so können wir immer aufeinander aufpassen!"
Der kleine Fuchs horcht auf Mamas **ruhige Atemzüge**. Sie bewegt sich ein wenig im Schlaf und legt eine **Pfote um ihr Kind**.

„Was ich wohl … besonders **Schönes** … **träumen** werde?",
murmelt der kleine Fuchs und seine Augenlieder werden schwer.
Verschlafen drückt er seine Nase in Mamas duftendes Fell.
Und noch während er voller **Vorfreude** lächeln muss,
schläft er ein.

In dieser Reihe erschienen:

 ISBN 978-3-7074-2551-2

 ISBN 978-3-7074-1166-9

 ISBN 978-3-7074-2071-5

 ISBN 978-3-7074-2325-9

 ISBN 978-3-7074-2108-8

 ISBN 978-3-7074-2373-0

 ISBN 978-3-7074-1983-2

 ISBN 978-3-7074-1655-8

 ISBN 978-3-7074-2301-3

 ISBN 978-3-7074-2423-2

 ISBN 978-3-7074-2569-7

 ISBN 978-3-7074-2524-6

 ISBN 978-3-7074-2516-1